DESCRIPTIONS *DES ARTS* ET MÉTIERS.

DESCRIPTIONS *DES ARTS* ET MÉTIERS,

FAITES OU APPROUVÉES

PAR MESSIEURS

DE L'ACADÉMIE ROYALE DES SCIENCES.

AVEC FIGURES EN TAILLE-DOUCE.

A PARIS,

Chez { SAILLANT & NYON, rue S. Jean de Beauvais;
DESAINT, rue du Foin Saint Jacques.

M. DCC. LXI.

Avec Approbation & Privilége du Roi.

L'ART

DE FAIRE

LE MAROQUIN.

Par M. DE LA LANDE, de l'Académie Royale des Sciences.

L'ART
DE FAIRE
LE MAROQUIN.

Par M. DE LA LANDE.

LE MAROQUIN est une peau de chevre ou de bouc, passée à la chaux, coudrée, mise en couleur, & tirée à la pomelle; la description suivante éclaircira cette définition. Le nom de *Maroquin* signifie sans doute *Cuir de Maroc*, parce qu'autrefois on en fabriquoit beaucoup à Maroc; on le fait encore en plusieurs endroits de l'Afrique.

1. Le travail du Maroquin approche beaucoup de celui des veaux destinés pour la Tannerie (voyez l'Art du Tanneur), si ce n'est qu'on donne au Maroquin plus de façon de riviere, & que le coudrement du Maroquin se fait avec la noix de galle : je décrirai sa préparation telle qu'on l'exécute à la Manufacture de S. Hippolyte, chez M. *Barrois*, dont le succès prouve l'intelligence & la capacité. Cette Manufacture établie en 1749 pour le Maroquin, a obtenu en 1765 des Lettres-Patentes enregistrées en Parlement, par lesquelles elle jouit des privileges de Manufacture Royale. Mais comme les Maroquins du Levant, & en particulier ceux de Nicosie dans l'Isle de Chypre & de Diarbékir en Asie, sont fort estimés, je pense ne laisser rien à désirer pour cette préparation, en rapportant la description que M. *Granger* en envoya à l'Académie au mois d'Août 1735, dans un Mémoire daté de Lernica en Chypre, d'après l'étude qu'il en avoit faite sur les lieux; j'y joindrai aussi ceux de Diarbékir en Mésopotamie, qu'il envoya encore quelques années après.

2. M. *Granger* étoit un Chirurgien très-intelligent & très-actif, que M. le Comte de *Maurepas*, alors Ministre de la Marine, fit voyager aux dépens du Roi, au Levant, en Egypte, en Mésopotamie & en Perse; il avoit acquis chez les Orientaux beaucoup de confiance par la maniere dont il vivoit avec eux; il voyageoit pieds nuds avec une simple camisolle, à la façon des Artisans Ara-

bes, & s'instruisoit parmi eux sans faire ombrage à personne; il acquit ensuite une fort grande considération par l'exercice de la Médecine, sur-tout après avoir guéri par le moyen du vinaigre, un homme qui avoit été empoisonné avec de l'opium : il procura au Jardin du Roi plusieurs plantes fort curieuses, & diverses productions d'Histoire Naturelle; il rapporta la maniere de faire le sel ammoniac, & il est cité avec éloge dans plusieurs volumes de nos Mémoires (voy. Hist. Acad. 1735, pag. 5. Mém. Acad. 1735, pag. 109; 1736, pag. 483; 1737, pag. 479; 1745, pag. 77). M. de Réaumur en rapportant les observations qu'il avoit faites sur le thermometre à Bagdad au mois de Janvier 1737, nous apprend qu'il mourut la même année; & j'ai oui dire que ce fut à Schiras capitale de la Province de Fars en Perse. On a publié à Paris, depuis sa mort, son Voyage en Egypte.

Ce que je viens de dire au sujet de M. *Granger*, doit faire juger de ses connoissances & de la bonté de ses observations; ainsi je ne doute pas que nous n'ayons d'après lui une notion exacte de la préparation des Maroquins de Nicosie, sans avoir besoin de pénétrer le mystere de ceux qui y attachent, en France, une si grande importance, & le tiennent dans un si profond secret (39).

3. Les peaux que l'on choisit pour faire le Maroquin, sont celles de boucs, de chevres, de bouquetins, quand on en a; les plus belles se tirent d'Auvergne, du Limousin, de la Touraine, de la Bourgogne, & sur-tout du Bourbonnois; on en fait venir aussi de la Suisse, de Cork en Irlande, même de la Barbarie & du Nord.

Au Levant on préfere les peaux des mâles; elles sont plus fortes : mais en France on n'emploie guères que les jeunes boucs; les autres sont trop fortes & coûtent trop. Les Ceinturiers préférent le Maroquin de bouc, parce qu'il est plus fort, & n'a pas besoin d'être doublé; les Tapissiers les prennent aussi pour des ouvrages qui exigent de grandes peaux, comme des dossiers de fauteuils & des dessus de sécretaires; en conséquence on mélange ordinairement de plusieurs qualités le travail d'une partie ou d'une *sorte* de 8 à 10 douzaines de Maroquin. Les peaux de chevres que l'on passe en Maroquin coûtent depuis dix ans, année commune, environ 28 à 30 liv. la douzaine en poils, & pesent environ 28 à 30 liv. ce qui revient à 20 s. la livre; mais depuis 1765 elles sont renchéries. On emploie des peaux séches, & non pas des peaux en *merlut*, c'est-à-dire, celles qui ont été déja en chaux, pelées & séchées, parce que la fleur en seroit trop basse & n'auroit qu'un vilain grain; or après la vivacité de la couleur, le grain fait la seule beauté du Maroquin. D'ailleurs les peaux en *merlut* ayant été séchées deux fois, elles ont trop perdu de leur souplesse : c'est pour les chamois qu'on les réserve, parce que l'huile & le moulin en rétablissent la douceur. (Voyez l'Art du Chamoiseur).

Mettre les Peaux dans la chaux.

4. Les Peaux destinées à faire le Maroquin arrivant seches en poils, se mettent d'abord dans des trempis d'eau croupie; on les y laisse 3 à 4 jours pour s'amollir; on les retale ensuite sur le chevalet, puis on les remet dans le même trempis pendant 24 heures : au bout de ce temps on les retale une seconde fois; on les met ensuite dans les pleins; on choisit pour cela un plein déja usé ou éteint, qui a servi à des bœufs ou à des veaux; on s'en sert deux fois : les peaux sont deux jours dans le plein, & un en retraite; elles se conduisent sur les pleins comme des peaux de veaux; on en met dix douzaines à la fois; elles restent sur les différens pleins environ un mois avant d'être pelées; mais on a soin de les lever soir & matin pour les mettre en retraite.

On les rabat deux fois après être pelées, une fois dans le second plein frais, où elles sont 3 jours en chaux, & 5 jours en retraite, & deux fois dans un *plein frais* ou plein neuf, qui ait été fait au moins depuis quatre jours, pour qu'il ait eu le temps de se refroidir & de s'éteindre : en été le plamage dure un peu moins, parce que la chaleur pousse beaucoup, c'est-à-dire, avance le plamage.

5. Il faut moins de plein pour le Maroquin que pour le Chamois, parce que l'on veut conserver plus de force au Maroquin : cependant les boucs & les chevres sont un peu plus durs à plamer que le veau; mais cela n'empêche pas qu'il ne faille près de quinze jours de moins au Maroquin qu'au Chamois.

6. A Nicosie, on met les peaux qu'on destine au Maroquin dans de la chaux réduite en poudre, & cela pendant vingt jours en été, & pendant vingt-cinq à trente jours en hiver: on les lave ensuite dans de l'eau fraîche, on les pele; on les écharne, ensuite on les poudre légérement avec de la chaux; on les met tremper dans des réservoirs pleins d'eau pendant une heure, on les y lave fortement; après quoi on les transporte dans d'autres réservoirs faits exprès pour les laver & relaver, & les fouler avec les pieds pendant une heure ou deux; on a grand soin de changer d'eau de temps à autre, cela se fait par le moyen de deux robinets dont l'un amene l'eau, tandis que l'autre la laisse écouler quand elle est sale; lorsque ces peaux sont bien nettoyées & bien blanches, on les étend sur des perches pour les faire égoutter.

7. A Diarbékir ou Diarbéquier, ville de la Turquie d'Asie dans le Diarbeck autrefois la Mésopotamie, on met en chaux à peu-près comme font chez nous les Mégissiers. Quelques personnes avoient cru que l'eau du Tigre étoit importante à ce Maroquin; mais elle n'y entre pour rien, non plus que dans la teinture : car on ne se sert que de l'eau des puits ou de celle d'un petit ruisseau qui a sa source à trois lieues de Diarbékir, & qu'on y a amené par un aqueduc creusé en partie dans la terre, & en partie dans le roc. Les Corroyeurs

font tremper les peaux de chevres ou de boucs pendant vingt-quatre heures dans de l'eau, ils les ratiſſent pour en ôter la graiſſe; lorſqu'elles ſont bien nettoyées, ils enduiſent chaque peau du côté de chair, d'une bouillie de chaux liquide; ils les plient en deux, & les mettant en pile, ils les laiſſent ainſi pendant trois jours; ils les expoſent enſuite à l'air libre en les étendant à l'ombre pendant l'été, & en hiver à un ſoleil modéré; on a ſoin de les retourner de temps en temps pour les faire mieux ſécher; quand les peaux ont été ſéchées, on en ôte la chair & le poil, on les met dans un plein fait comme les nôtres, elles y reſtent pendant deux ou trois jours en été, & juſqu'à quinze jours en hiver; après cela les Corroyeurs les retirent pour renouveller l'eau de chaux dans laquelle ils les trempent & les lavent cinq à ſix fois; puis ils les font tremper & macérer pour la ſeconde fois dans la même eau pendant ſix jours; ils réiterent cinq fois ces macérations ou ces pleins (qui ſans doute ſont aſſez foibles), & ils ont ſoin de laver les peaux cinq ou ſix fois à chaque changement d'eau. Après tous ces pleins, on laiſſe égoutter les peaux &, on les travaille du côté de fleur avec un fer non tranchant, juſqu'à ce que les peaux ſoient bien nettes & bien unies. Alors on les fait encore tremper & macérer cinq à ſix jours dans de l'eau de chaux, ayant ſoin de les remuer tous les jours, en les ſoulevant l'une après l'autre.

8. Après ces ſix derniers jours de plein, on retire les peaux, on les lave pluſieurs fois dans de l'eau fraîche, juſqu'à ce qu'elles ſoient bien nettes, ce qu'on continue pendant trois jours de ſuite, & on les étend pour ſécher à moitié, & paſſer enſuite dans la matiere fécale ou excrément de chien.

9. Chez nous les peaux après avoir été en chaux, ſe pelent & ſe travaillent de riviere, comme nous l'avons dit dans l'Art du Parcheminier & dans celui du Tanneur; mais il eſt encore plus important pour le Maroquin d'être bien travaillé de riviere: car s'il y reſtoit de la chaux, elle gâteroit la couleur qu'on donne enſuite au Maroquin; on y verroit les taches de chaux l'emporter ſur la couleur, & la changer en un violet ſale.

10. Après le dernier plein, les peaux ſe mettent en riviere pendant trois ou quatre heures; on les remue de quart-d'heure en quart-d'heure pour faire partir le plus gros de la chaux, enſuite on les écharne, puis on les met dans des baquets où elles ſont foulées avec des pilons de bois une demi-heure, puis on les met ſur le chevalet pour les queurſer de fleur, & tout de ſuite on leur donne avec le coûteau une façon ſur fleur & ſur chair; cette opération ſe répete 5 à 6 fois; après cela on les ſoule avec des pilons, comme on le voit repréſenté dans la ſeconde Planche de l'Art du Tanneur; on met trois hommes ſur deux douzaines de peaux pour les fouler. Il y en a qui les jettent enſuite dans un baquet particulier dont le fond eſt percé de pluſieurs trous, où on les foule encore pendant une heure en jettant de temps en temps de l'eau fraîche par-deſſus.

11. On

11. On les foulera ainſi à chaque façon du travail de riviere, & ces façons ſont en grand nombre ; l'écharnage, le contre-écharnage, qui eſt un ſecond écharnage ſemblable au premier, la façon de chair, le confit de chien, le queurſage & une façon de fleur & de chair ; après le confit de chien, une autre façon de chair, la queurſe, les trois façons de fleur & de chair, façon de fleur, & le recoulé qui eſt une façon de fleur & de chair.

12. Dans la Manufacture de S. Hippolyte, on ſuit l'ordre que nous allons détailler pour travailler de riviere, c'eſt-à-dire, pour donner toutes les façons que nous venons d'indiquer. Au ſortir des pleins, gouvernés comme eſt dit ci-devant, on met les peaux tremper dans une cuve d'eau pour les rincer, enſuite on les écharne ; c'eſt la premiere façon. On les met tremper cinq à ſix heures dans une autre cuve d'eau ; on les contre-écharne ; c'eſt un ſecond écharnage, qui forme la ſeconde façon.

13. On les foule pour la premiere fois ; on les met tremper dans une autre cuve d'eau claire ; on les foule pour la ſeconde fois ; on leur donne une façon de chair ; c'eſt la troiſieme façon. On les foule pour la troiſieme ; on les met tremper dans la cuve d'eau ; on les foule pour la quatrieme ; on les queurſe avec une eſpece d'ardoiſe emmanchée dans du bois ; c'eſt la quatrieme façon ; on leur donne en même temps une façon de fleur avec le coûteau rond ; c'eſt la cinquieme & derniere façon du travail de riviere. Nous parlerons ci-après des autres façons (32).

Confit de Chien.

14. Après le travail de riviere, les peaux paſſent dans le confit de chien ; on met dans l'eau deux petits ſeaux de crote de chien (de quatorze à quinze pintes chacun) pour huit douzaines de peaux, & l'on en fait une eſpece de bouillie que l'on délaye avec les mains ; on y jette les peaux qu'on braſſe & qu'on remue dans ce confit pendant quelques minutes ; on les tourne & on les laiſſe repoſer.

15. Les peaux reſtent environ douze heures dans le confit de chien ; il ſert à abattre la peau, comme le confit de ſon dont nous avons parlé dans l'Art du Chamoiſeur & ſur-tout dans celui du Mégiſſier, c'eſt-à-dire, qu'il lui ôte ſa crudité, & la diſpoſe au relâchement, au gonflement, à la fermentation ; de plus, la crote de chien nettoie les peaux à cauſe des parties alkalines qu'elle contient, & leur ôte une graiſſe qui empêcheroit la couleur de prendre : nous parlerons encore ci-après du confit de ſon (30).

16. A Nicoſie, on étend le confit de chien comme une bouillie épaiſſe ſur la peau, à la hauteur d'environ deux lignes ; on y regarde cette matiere comme eſſentielle à la préparation des Maroquins : auſſi dans tous les endroits où l'on en fait, on ramaſſe les matieres fécales des chiens avec autant de ſoin que

les Provençaux ramassent celles des mulets & des autres animaux pour leurs jardins.

17. Au mois de Juillet 1735, la peste faisant beaucoup de ravage dans l'Isle de Chypre, un Particulier représenta au Gouverneur de Nicosie que les chiens contribuoient à communiquer cette maladie; celui-ci ordonna facilement qu'on tuât tous les chiens par-tout où on les rencontreroit. Les Corroyeurs & les Marchands ayant eu connoissance de cet ordre, vinrent en Corps chez le Gouverneur pour lui représenter que le commerce des Maroquins étoit d'une très-grande importance pour la Ville, & qu'il seroit ruiné pour long-temps si l'on faisoit tuer les chiens, parce que leurs excrémens étoient absolument nécessaires pour la préparation des Maroquins. Cette remontrance parut fort juste, & le Gouverneur révoqua l'ordre qu'il avoit donné de tuer les chiens de la Ville.

On emploie aussi les matieres fécales pour préparer le coton à recevoir le beau rouge d'Andrinople, suivant le Mémoire publié en 1765 par ordre du Ministere (à l'Imprimerie Royale). On délaye vingt-cinq livres de crotin de mouton dans cinq cens livres de lessive de soude, & douze livres & demie d'huile d'olive; on en imbibe cent livres de coton déja décrusé dans une forte lessive mêlée avec de l'eau de chaux; on recommence trois fois cette opération appellée *le Sikiou*. Quand le coton a été engallé, aluné, teint avec le sang & la garance de Smyrne; & avivé avec les cendres & le savon, on le trempe encore dans le sikiou, & cette matiere fécale rend le rouge plus vif encore que le plus bel incarnat d'Andrinople.

18. Comme on nourrit beaucoup de chiens à Paris pour le combat du Taureau au Fauxbourg Saint Germain vers la Barriere de Séve; c'est là que l'on va chercher les matieres nécessaires pour le confit de chien, & elles se vendent vingt-quatre sols le seau.

Je crois devoir avertir ici d'un autre usage qu'on a fait de ces mêmes matieres par une prévarication indigne dont il importe que le Public soit instruit. Plusieurs Epiciers qui vouloient vendre comme poivre blanc la partie la plus noire de la graine de poivre, & en augmenter le poids à bon marché, y mettoient de l'ocre, de la craye, & de la crote de chien: un nommé Oulry, Epicier, qui avoit mal fait ses affaires & quitté le Commerce, inventa cet indigne secret vers 1730, & l'on m'a assuré que plusieurs autres s'en étoient servi avec un succès qui prouvoit la simplicité des acheteurs & la mauvaise foi des vendeurs. On assure qu'aujourd'hui même dans la maison du Combat on en vend encore beaucoup à certains Epiciers.

19. A Diarbékir, on pratique autrement le confit de chien. Pendant que les peaux séchent, on remplit de grands creux faits dans la terre, comme nos pleins à chaux, de matieres fécales de chiens, qu'on délaye à la consistance

du miel ou d'une bouillie claire dans laquelle on fait tremper & macérer les peaux pendant huit jours, si c'est en hiver, & pendant trois jours, si c'est en été, & on les foule chaque jour avec les pieds. On retire les peaux de cette matiere fécale pour les bien laver avec de l'eau fraîche, & l'on fait ensuite un autre confit avec du son délayé dans de l'eau; on y fait tremper les peaux pendant six jours en hiver, & trois jours en été, ayant soin de les bien fouler & refouler chaque jour avec les pieds, comme dans le confit de chien; on les retire du confit, on les lave dans l'eau fraîche, & on les fait sécher en attendant la teinture (66).

Coudrement de Sumac.

20. Après le confit de chien, les Corroyeurs de l'Isle de Chypre mettent les peaux dans une autre espece de bouillie faite avec les feuilles de sumac réduites en poudre. L'arbrisseau qui donne ces feuilles est appellé aussi *Rhus* ou *Rhoé*: *Rhus folio ulmi Caspari Bauhini in Pinace*, p. 414. & *Tournefortii Institutionum*, pag. 611. *Rhus foliis pinnatis obtusiusculè serratis, ovalibus subtus villosis, Linnæi Specierum*, 1re. édit. pag. 265. Il a de petites fleurs en rose qui font de gros bouquets blancs; son fruit est une capsule ronde remplie d'une seule graine sphérique, plate, ronde, velue, appellée *Rubeum* ou *Rhus obsoniorum*, parce que les Cuisiniers en font usage; ses feuilles sont longues & crénelées. Cet arbrisseau vient en abondance dans les endroits pierreux de l'Isle de Chypre, en Espagne, & même en Languedoc, & en Provence; il est raffraîchissant, dessicatif & astringent; c'est comme astringent qu'il sert au Maroquin.

21. Les feuilles du sumac étant réduites en poudre, on en fait une bouillie plus solide que fluide; on y trempe les peaux les unes après les autres; on les met ensuite dans des réservoirs quarrés, où on les laisse macérer pendant trente heures; alors on les foule pendant deux heures avec les pieds & les mains; après quoi on les envoie laver & nettoyer.

22. Ce coudrement de sumac pratiqué à Nicosie est remplacé par celui de noix de galle qui se pratique en France, dont nous parlerons (59) après la mise en rouge. A Nicosie, on n'emploie le coudrement de noix de galle avant la couleur, que pour les peaux que l'on veut mettre en jaune (65).

23. Le Dictionnaire du Commerce en décrivant la maniere de donner le sumac pour les Maroquins noirs, donne le procédé suivant: On fait chauffer cent livres de sumac dans un muid d'eau, & lorsque cette mixtion est prête à bouillir, on en remplit les peaux qu'on a eu soin de coudre tout autour, après le travail de riviere, à l'exception d'une petite ouverture qu'on laisse à une patte de derriere pour y placer un entonnoir, & quand la peau est presque pleine, on lie cette patte de derriere pour empêcher qu'elle ne se vuide: dans cet état, on en met trois ou quatre douzaines dans une grande cuve, où

deux hommes les remuent à force de bras pendant quatre heures ſans diſcontinuer ; c'eſt ce qu'on appelle *Peaux chippées.* Nous avons déja parlé dans l'Art du Tanneur de cette préparation du chippage.

24. Après avoir été tournées, les peaux s'entaſſent ſur un côté de la cuve où on les étend les unes ſur les autres ; & pour empêcher qu'elles ne s'éboulent, on place une barre dans le milieu ; quelque temps après, on les rechange en les mettant de l'autre côté de la cuve ; on les étend pour empêcher les plis, & on les laiſſe repoſer pour que le ſumac puiſſe les pénétrer ; elles s'égouttent ainſi pendant deux heures.

25. Pendant qu'elles s'égouttent, on fait chauffer dans la chaudiere de l'eau tirée de la cuve, qu'on y remet lorſqu'elle eſt ſuffiſamment chaude, obſervant de la verſer du côté où il n'y a point de peaux ; alors deux hommes délient les peaux, & les rempliſſent de cette eau ; & après les avoir bien reliées, les remuent de nouveau à force de bras pendant deux heures, ſans aucun relâche; après quoi ils les mettent en pile, & les font égoutter comme la premiere fois.

26. On leur donne encore après cela un ſecond apprêt ; mais on les remue ſeulement environ un quart-d'heure, & on les laiſſe encuvées juſqu'au lendemain matin qu'on les retire de la cuve pour les remettre ſur un chaſſis de bois qui eſt placé au-deſſus ; là elles s'égouttent ; après quoi on les délie & on les découd pour en ôter le ſumac ; on les lave pour l'en détacher totalement ; on les plie en deux de la tête à la queue, la fleur en dehors, & on les entaſſe ſur le chevalet pour achever de les égoutter ; de-là on les met à *l'eſſui*, c'eſt-à-dire, qu'on les étend pour les faire ſécher ; on a coûtume de les pendre alors par les jambes de derriere.

27. Lorſqu'elles ſont ſéches, on les foule aux pieds deux à deux ; puis on les étend ſur une table de bois pour les nettoyer avec un coûteau, & en ôter encore la chair & le ſumac qui peuvent y être demeurés ; enfin on les frotte ſuperficiellement d'huile du côté de la fleur ; on y jette enſuite de l'eau ; on les roule ; on les tord ; on les *étire*, & elles ſont en état de recevoir le noir. Tel eſt le coudrement du ſumac & la préparation du Maroquin expliquée dans le Dictionnaire du Commerce.

28. Pour tanner ou coudrer le Maroquin, on emploie en Provence les feuilles de Roudou (*Rhus myrtifolia C. B.* p. 471.) dont nous avons parlé à l'occaſion du cuir fort, dans l'Art du Tanneur, art. 64. ou bien celles du *Sumac*, ou enfin celles du *Raſtenele.* Les feuilles de ces trois arbuſtes s'emploient indifféremment : le Maroquin y eſt tanné en peu de temps, & prend une couleur brune. Le Raſtenele eſt la même choſe que le *Lentiſque* ordinaire de la plûpart des Botaniſtes : il eſt appellé dans *Linnæus*, *Piſtacia foliis abruptè pinnatis, foliolis lanceolatis* ; Spec. pag. 1026. 1re. édit. A Paris, on préfére la galle (59) au ſumac,

mac, quoiqu'elle coûte davantage, parce qu'elle a plus de force, & que d'ailleurs la chair des peaux en est plus blanche.

Confit de Son.

29. Après l'opération du sumac, on fait une différence dans l'Isle de Chypre entre les peaux qu'on destine à différentes couleurs; celles qu'on veut mettre en jaune, vont dans la noix de galle (59); mais celles qu'on veut mettre en rouge, ont besoin du son, des figues & du sel.

30. Le premier confit est une pâte qu'on fait avec du son, où l'on entasse les peaux pendant deux jours les unes sur les autres; au bout des deux jours on les en retire, on les nettoie avec l'instrument qui sert à les peler, & qui est à peu-près comme le coûteau ou boutoir des Corroyeurs; on les lave bien dans l'eau fraîche, & on les fait égoutter en les étendant sur des perches. A Diarbékir, c'est aussi une espece de bouillie faite avec le son, dans laquelle on met tremper les peaux pendant trois jours en été, & six en hiver.

Confit de Figues.

Pendant que les peaux s'égouttent, on prépare à Nicosie le confit des figues. On prend trente livres de figues séches qu'on fait bouillir dans trente pintes d'eau, jusqu'à ce qu'elles soient bien cuites & réduites comme en bouillie; on y met les quarante peaux pour y macérer pendant vingt-quatre heures: cela les ramollit, les enfle, les dilate, y établit une espece de fermentation qui est nécessaire pour que la teinture rouge puisse les pénétrer ensuite facilement.

31. Après le confit de figues, on lave les peaux dans l'eau fraîche, pour les bien nettoyer. Lorsqu'elles sont bien nettes & bien égouttées, on prend quinze à seize livres de sel réduit en poudre très-fine; on en saupoudre les quarante peaux, & on les entasse les unes sur les autres; elles restent ainsi pendant quinze jours: un plus long espace de temps pourroit les faire gâter. Il se fait alors une nouvelle fermentation semblable à celle dont nous avons parlé pour le cuir à la jusée, que les Tanneurs salent également. Après les quinze jours expirés, on les trempe & on les lave sept à huit fois dans l'eau fraîche; on les pend & on les laisse égoutter, après quoi on procéde à la teinture (40). C'est la préparation de l'Isle de Chypre.

Suite du Travail de Riviere, à Paris.

32. A Paris, lorsque les peaux sont sorties du confit de chien (15), on les rince, & on leur donne encore une façon de chair avec le coûteau rond, comme nous l'avons déja observé: c'est la sixieme façon. Ensuite on les foule pour la cinquieme fois, & on les met tremper dans une cuve d'eau pendant cinq ou six heures, comme dans les autres façons; on les reprend & on les

queurse avec l'ardoise, comme avant le confit (13) : c'est la septieme façon : & tout de suite sans les quitter, on leur donne une façon de fleur & de chair, qui est la huitieme : on les foule une sixieme fois, & on les met tremper de nouveau ; on les retire, & on leur donne une neuvieme façon de fleur & de chair : après cela, on les foule pour la septieme fois, & on les met tremper dans une cuve d'eau ; on leur donne alors une dixieme façon de fleur seulement ; on les foule pour la huitieme fois ; on les met tremper dans une cuve d'eau ; on les reprend pour leur donner le recoulage qui est la onzieme & derniere façon. Le recoulage se donne de fleur & de chair.

33. On voit par ces onze façons dont plusieurs sont doubles, combien est pénible le travail du Maroquin. La peau de chevre ne sçauroit se passer de ce long travail, parce qu'elle a naturellement peu de souplesse. Les peaux étant rincées & égouttées pendant deux heures, elles sont prêtes à mettre en couleur.

Aluner les Peaux.

34. AVANT de parler de la teinture, nous devons parler de l'alun dont on se sert en France, avant de mettre les peaux en couleur. Quand elles ont été lavées & tordues avec la bille, & qu'il s'agit de les mettre en couleur, on commence par les aluner : on prend douze livres d'alun de Rome pour huit douzaines de peaux, & on les fait dissoudre dans deux seaux d'eau d'une quinzaine de pintes chacun ; dès que l'eau est chaude, l'alun y fond aisément.

L'alun de Rome que les Maroquiniers préférent à tout autre est rougeâtre ; & se casse net. L'alun d'Angleterre noircit les peaux, & ne les alune pas bien. L'alun de Smyrne est plus poudreux, plus mat, & n'a pas une si belle couleur. Voyez au sujet de l'alun ce que nous avons dit dans l'Art de l'Hongroyeur.

35. Pour aluner les peaux après les avoir bien tordues avec la bille, on les plie en deux, chair contre chair, afin qu'il n'y ait que la fleur qui s'alune ; le côté de la chair mangeroit de l'alun en pure perte ; on en prend une ; on la trempe ainsi pliée dans un baquet d'alun encore tiede ; on l'y remue en la faisant barboter pendant l'espace d'une demi-minute ; on la retire aussi-tôt, & on la pose sur un chevalet qui a quatre pieds de haut, placé dans l'attelier, à-peu-près comme on le voit en *B*, dans le haut de la Planche.

36. On laisse ensuite égoutter l'eau d'alun, puis l'on tord les peaux avec une bille de bois représentée en *P* ; le fer doit s'éviter; on les passe sur une traverse de bois, c'est-à-dire, une torse qui est dans l'encoignure de l'attelier, pour les faire encore égoutter, en mettant sous les peaux le baquet d'alun pour ne pas perdr ecette eau alumineuse qui s'en exprime;on en tord deux à la fois;& après les avoir tordues, on les étire sur le grand chevalet pour en ôter les faux plis, & on les plie chair contre chair.

Le baquet dans lequel on alune, est repréſenté en T. Il eſt un peu plus plat & plus large que celui dans lequel on met en couleur, & qui ſera décrit ci-après (52). Il faut environ une heure & demie pour aluner les huit douzaines de peaux.

37. Lorſque l'on a des eaux alunées, on les conſerve, & on les fait ſervir en ajoûtant de l'eau & de l'alun pour réparer ce qui s'en perd ; & il ne faut enſuite que neuf à dix livres d'alun, au lieu de douze qu'on avoit employées à la premiere fois.

38. Les peaux ne reſtent point en alun ; on les retire auſſi-tôt, comme nous l'avons dit, pour les étirer ſur le grand chevalet. Il n'en eſt pas comme des cuirs de Hongrie qui ont beſoin de boire long-temps l'alun, à cauſe de leur grande épaiſſeur.

Teinture du Maroquin rouge dans l'Iſle de Chypre.

39. Aprè's l'alun, il ne s'agit que de donner la couleur. Cet article devroit appartenir à l'Art du Teinturier ; cependant les Maroquiniers étant en poſſeſſion de teindre leur Maroquin, nous allons les ſuivre dans cette opération.

Le Maroquin rouge étant le plus recherché & le plus important, c'eſt celui par lequel nous devons commencer. La matiere de la couleur paſſe pour un très-grand ſecret en France, où elle eſt, dit-on, compoſée par le mélange d'un grand nombre de drogues. M. Geoffroy le cadet dit dans un Manuſcrit, qu'il a appris qu'on y employoit la lacque en bâtons, réduite en poudre avec de la noix de galle, de l'alun & un peu de cochenille. En Chypre, on n'emploie que le kermès.

40. *Le Kermès* ou *Chermès*, en Latin *Coccus baphica*, *Coccus infectorius*, *ſcarlatum*; Ecarlate de Veniſe, graine d'écarlate eſt un gallinſecte qui habite & ſe trouve communément ſur l'arbriſſeau appellé *Ilex aculeata Cocci glandifera.* En Languedoc, on l'appelle *Vermillon.* Il y a des Auteurs qui l'appellent auſſi *Cochenille*; mais il faut bien les diſtinguer : la cochenille eſt un inſecte qui vit ſur l'Opuntia (45), & dont on fait une plus belle teinture qui eſt la véritable écarlate : nous en parlerons ci-après. Le kermès eſt de la groſſeur d'une lentille; on le recueille en Languedoc, en Provence, en Eſpagne. Voyez M. de Réaumur qui en a donné une très-bonne deſcription dans ſes Mémoires pour ſervir à l'Hiſtoire des Inſectes : voyez auſſi Marſigli, Hiſt. Phyſ. de la Mer, le Dictionnaire de Médecine, le Dictionnaire du Commerce, M. Hellot, Mémoire Acad. 1741, pag. 50, M. de Bomare, Diction. d'Hiſtoire Naturelle.

41. Pour quarante peaux, on prend vingt-cinq onces du plus beau kermès que l'on puiſſe trouver. On le paye à Paris depuis quatre livres juſqu'à cent dix ſols de France, la livre de ſeize onces, lorſqu'il eſt deſſéché; on le réduit

en poudre ; on fait bouillir d'abord le kermès dans huit pintes d'eau *, & lorsqu'il a fait un bouillon, on y jette la cinquieme partie de l'alun ; on continue ainsi par demi-quart-d'heure, & à cinq ou six reprises, jusqu'à ce qu'on y ait mis tout l'alun ; alors on laisse bouillir la liqueur jusqu'à ce qu'elle ait baissé de quatre à cinq doigts, & la teinture est faite. On la rend plus foncée quand on le veut, en y ajoûtant de l'alun, & plus vive en diminuant la quantité de ce sel.

42. Quand la couleur est faite, on en prend environ une livre & demie ou trois quarts d'une pinte ; on la verse encore tiede dans un vase ; on y trempe du coton, & l'on frotte avec ce coton le dessus des peaux qu'on veut teindre, c'est-à-dire, la fleur ; on tord la peau quand on y a passé la teinture, tout de même qu'on tordroit un linge mouillé pour en exprimer l'eau. Lorsque les quarante peaux sont ainsi teintes & tordues, on recommence par la premiere que l'on teint une seconde fois avec le coton trempé dans la couleur, & on la tord encore, comme la premiere fois : toutes les peaux sont ainsi teintes & tordues pour la seconde fois ; ensuite une troisieme, une quatrieme & une cinquieme fois.

43. On met ensuite quinze livres & demie de noix de galle réduites en poudre fine dans dix pintes d'eau froide ; on y trempe les quarante peaux les unes après les autres : au sortir de cette noix de galle, on les lave dix à douze fois dans de l'eau bien nette, & on les jette par tas les unes sur les autres négligemment & sans les étendre ; on les foule avec les pieds & les mains, pour en faire sortir l'eau ; & lorsque l'eau en a été bien exprimée, on les transporte dans le magasin où on les étend par terre.

44. Ces peaux étant étendues, on trempe la main dans de l'huile de sésame, on en frotte chaque peau du côté de la fleur, que l'on veut lustrer, pour l'adoucir, & l'empêcher de se crisper ; ensuite on les laisse sécher à l'ombre ou au soleil. Tel est le procédé de Nicosie pour mettre le Maroquin en rouge.

Maniere de donner la couleur, à Paris.

45. A Paris, où la teinture du Maroquin est différente, elle s'emploie aussi différemment. On a une chaudiere de cuivre bien étamée ; car le cuivre à nud gâteroit la couleur, & l'on est obligé de faire étamer souvent cette chaudiere ; elle a vingt-huit pouces de creux sur vingt-sept pouces de diametre ; elle est représentée en E. Dans cette cuve, on met les drogues destinées à la teinture : suivant M. Geoffroy, c'est de la lacque en bâtons (56) qu'on a réduite en poudre, avec de la noix de galle (59), de l'alun, & un peu de cochenille.

* La pinte de Paris à laquelle j'ai réduit les mesures du Levant, contient quarante-huit pouces cubes, & pese environ deux livres poids de marc.

M. Barois

M. Barois m'assure que M. Geoffroy se trompe totalement ; mais cela nous importe peu, puisque avec du kermès on peut faire cette teinture dans la plus grande perfection.

La cochenille est un petit insecte qui habite sur une plante grasse appellée *Raquette*, *Cardasse*, *Nopal*, *Figuier d'Inde*, *Opuntia* ; on la cultive au Mexique avec un très-grand soin, & on fait dessécher ces insectes pour nous les envoyer. La livre de cochenille coûte environ vingt-quatre livres de France, à Paris ; c'est cette drogue qui sert à faire la plus belle teinture d'écarlate. (Voy. M. de Réaumur, *Mémoires pour servir à l'Histoire des Insectes*, tom. 4. M. Hellot, *Teinture des Laines*).

46. On étend sur la chaudiere un tamis de toile sur lequel on verse de l'eau claire. Ce tamis, que nous avons représenté en *O*, ne sert uniquement qu'à empêcher le passage des corps étrangers. Pendant l'ébullition, on remue le mélange de temps à autres avec un râteau. Ce râteau, qui est représenté en *I*, ne sert qu'à relever les drogues qui se précipitent au fond de la chaudiere, & qui s'y attacheroient, si on ne les remuoit continuellement ; & l'on ajoûte de l'eau chaude à mesure qu'elle diminue : pour cela on a un petit chaudron placé sur un fourneau, & dans lequel il y a toujours de l'eau chaude. La chaudiere est supportée dans un fourneau de maçonnerie par de gros clous qui la traversent, ensorte qu'il y ait un vuide entre la cuve & la maçonnerie, par lequel la chaleur puisse environner la cuve de toutes parts ; le tuyau de la fumée du fourneau est dévoyé, rampant ou incliné, pour aller dans un tuyau de cheminée qui ne réponde point au-dessus de la cuve : cette attention est nécessaire pour une plus grande propreté. On transvase le dessus de la chaudiere avec un baquet à main, représenté en *M*, dans une chaudiere moindre, qui a dix-huit pouces de creux sur dix-huit à vingt pouces de large ; on la voit en G. Elle doit être recouverte encore d'un tamis ; on l'entretient dans une chaleur modérée, de maniere à y tenir la main ; la chaleur est nécessaire pour faire mordre la couleur ; mais si elle étoit trop chaude, elle crisperoit la peau, la rendroit comme du parchemin, & elle auroit de la peine à revenir. La couleur se clarifie encore dans cette chaudiere en déposant le marc. On verse avec une chopine d'étain, une livre & demie, c'est-à-dire, trois demi-septiers de cette couleur dans des baignoires, inclinées comme on le voit en *H* dans la Planche du Maroquinier.

47. Pour teindre les peaux dans cette couleur, on en prend une pliée, comme nous l'avons dit, ventre contre ventre, c'est-à-dire, dans sa longueur, chair contre chair, ou la fleur en dehors. L'Ouvrier prend cette peau à deux mains, & la passe dans sa baignoire du haut en bas, en ramenant vers lui cinq à six fois; il retourne ensuite sa peau toujours pliée chair contre chair, en prenant la tête de la main droite, pour que la moitié qui étoit en haut soit trem-

pée à ſon tour ; il continue à paſſer cette peau dans la baignoire juſqu'à ce que la liqueur qu'on y a verſée ſoit preſque embue ; il jette le reſte, & prend une autre peau pour la tremper de même. On obſerve de tremper la culée la premiere, parce qu'elle a plus beſoin de couleur, & l'on file peu-à-peu pour faire venir la tête à ſon tour dans le milieu de la baignoire : on doit faire enſorte que la couleur prenne bien partout, en la ramenant avec le dos de la peau.

48. A meſure que la peau eſt trempée, on la met ſur le chevalet; on les place toutes l'une ſur l'autre uniment & ſans plis, juſqu'à huit douzaines, dont quarante-huit ſur un bout du chevalet, & les quarante-huit autres ſur l'autre bout. Quand les quatre-vingt-ſeize ſont paſſées, on retourne le premier tas en mettant deſſous les peaux qui étoient deſſus, pour recommencer par la premiere ; on les voit en *B* ſur le chevalet.

49. Lorſque toutes les peaux ont été paſſées trois fois (quelquefois quatre) dans la couleur, on les paſſe dans un baquet d'eau claire, en les ouvrant, c'eſt-à-dire, en les dépliant, pour les bien laver; après quoi on les jette ſur un chevalet où les peaux s'étendent les unes ſur les autres, fleur contre fleur, & chair contre chair.

50. On regarde comme un fait certain, que ces chaudieres de couleur craignent le tonnerre, c'eſt-à-dire, que l'orage peut les faire tourner ; ainſi il eſt peut-être bon de ne les pas faire quand le temps eſt douteux. Voyez à ce ſujet l'Art du Mégiſſier, article 46, où j'ai parlé de la cauſe qui fait tourner les confits.

51. Lorſque les peaux ſont trempées pour la troiſieme fois, on les rince ; on les déplie, on les prend par les deux pattes, on les trempe dans un baquet les unes après les autres, & on les étend ſur le milieu du chevalet, fleur contre fleur, & chair contre chair, pour que la couleur ait le temps de les pénétrer mieux ; les extrémités doivent être repliées ſur les peaux, afin qu'elles ne perdent pas leur couleur ; on leur laiſſe paſſer ainſi la nuit, ou du moins on les laiſſe égoutter cinq à ſix heures : après quoi elles ſont prêtes à être jettées dans le coudrement de galle (62).

52. La Baignoire ou auge dans laquelle on trempe le Maroquin, eſt repréſentée ſéparément en T. Le fond a trente pouces ſur treize ; mais comme elle eſt évaſée, elle a ſur les bords quarante pouces ſur vingt-cinq, & environ un pied de creux. Elle doit être de ſapin, car le chêne eſt dangereux ; il brunit la couleur & tache la peau : on pourroit auſſi, pour plus grande ſûreté, la doubler de plomb ou d'étain.

53. Les trois Ouvriers que l'on voit repréſentés dans la Planche près des baignoires, ſont dans trois actions différentes : l'un verſe la couleur ; l'autre trempe les peaux ; le troiſieme les tranſporte ſur le chevalet. Ces trois Ou-

vriers mettent environ douze ou quinze heures à paſſer en couleur les huit douzaines de peaux ; chacun en fait la valeur de trente-deux dans ſes douze heures.

54. Les eaux ne ſont pas indifférentes pour la couleur du Maroquin, non plus que pour les autres ſortes de teintures. Les eaux de pluie ſont trop dures : il y a auſſi des circonſtances délicates dont on n'eſt pas maître ; car avec les mêmes drogues & les mêmes eaux, on fait une plus belle couleur dans un temps que dans l'autre.

55. Suivant l'Auteur du Dictionnaire de Commerce (édit. de 1748. tom. 3. pag. 316.), les peaux qu'on deſtine à faire du Maroquin rouge, après avoir été douze heures dans le confit de chien (15), ſont rincées, travaillées ſur le chevalet, de fleur & de chair, pilonnées juſqu'à trois fois, en mettant toujours de nouvelle eau, tordues avec une bille de bois & alunées. Lorſqu'elles ont été alunées, on les met égoutter ſur la torſe (c'eſt-à-dire, une traverſe de bois deſtinée à les tordre) ; le lendemain on les tord avec la bille ; on les détire ſur le chevalet, & on les paſſe dans un rouge préparé avec de la lacque en bâtons, mêlée de quelques ingrédiens qui ne ſont bien connus, dit-il, que des ſeuls Maroquiniers.

56. La laque ou lacque eſt une eſpece de cire ou de réſine rougeâtre que l'on recueille aux Indes ſur des branches d'arbres, où des mouches la dépoſent : cette réſine bouillie dans l'eau avec quelques acides, fait une teinture d'un très-beau rouge. La laque nous vient directement en bâtons des Royaumes de Bengale, de Pégu & de Siam. La Compagnie des Indes en fait chez nous le commerce : elle coûte environ ſix francs la livre, à Paris. La laque en graine eſt celle qu'on a détachée des bâtons en la faiſant paſſer entre deux meules : c'eſt cette laque en graine qui ſert à faire la cire à cacheter. M. Hellot (Mém. Acad. 1741. pag. 64.) donne la maniere d'en extraire la couleur par le moyen de la racine de grande conſoude.

57. C'eſt cette teinture que l'Auteur du Dictionnaire du Commerce dit être employée au Levant pour teindre les Maroquins : nous avons remarqué ci-devant que c'eſt le kermès dont on ſe ſert à Nicoſie ; mais à Diarbékir, on emploie la laque ou la cochenille, & M. Geoffroy croyoit qu'il en étoit de même à Paris.

58. Les Lapons, pour rougir leurs cuirs, les humectent avec leur ſalive ; après quoi ils mâchent la racine de tormentille, & frottent les cuirs avec ce marc qui donne une couleur rouge paſſablement belle ; c'eſt vraiſemblablement le ſel urineux de la ſalive, qui exalte le teint de cette racine. Ce ſel volatil urineux qui eſt commun à toutes les liqueurs animales, produit le même effet ſur *l'orſeille*, eſpece de mouſſe que les Teinturiers emploient avec la chaux & l'urine.

Coudrement des Maroquins rouges.

59. Les Maroquins rouges ont encore besoin du coudrement. A Paris, dès le lendemain que les peaux ont été mises en couleur, on procéde à ce coudrement, qui se fait avec la noix de galle : on verra ci-après que pour le Maroquin jaune, le coudrement de noix de galle doit précéder la teinture (76). La noix de galle est une sorte d'excroissance que l'on trouve sur le chêne : les meilleures noix de galle viennent du Levant, de Smyrne, d'Alep, de Tripoli : celle d'Alep est la plus estimée : la galle de France qu'on trouve en Gascogne & en Provence, leur est beaucoup inférieure, étant ordinairement rougeâtre, légere & lisse ; au lieu que celle du Levant est pésante & épineuse : c'est peut-être ce qui lui a fait donner le nom de *Galle à l'épine*, à moins que ce ne soit plutôt *Galle Alépine*, c'est-à-dire, qui vient d'Alep. Les galles du Levant sont de trois sortes : les noires, les vertes, & celles qui sont moitié blanches : les Teinturiers s'en servent selon leur qualité : les noires & les vertes servent à teindre en noir, & les blanches pour teindre les toiles. Les galles légeres qu'on trouve en France, & qu'on appelle *Cassenolles*, s'emploient chez les Teinturiers en soie, pour faire le noir écru : l'encre se fait aussi avec des galles noires & vertes : ce sont encore ces sortes de galles qui entrent dans la composition du noir des Chapeliers avec le bois d'Inde, le verd-de-gris & la coupetose ou vitriol de Mars. Voyez l'Art du Chapelier, pag. 54 ; c'est ce noir des Chapeliers que les Corroyeurs emploient après eux, quand il a servi à la teinture des chapeaux.

60. Les noix de galle sont une drogue commune aux Teinturiers du grand & du petit teint ; les derniers en font sur-tout un grand usage à cause de l'achévement des noirs : en Médecine, elle est astringente & fébrifuge (Mém. Acad. 1711), très-absorbante (Mém. 1732 pag. 39.), propre à faire de l'encre (Anciens Mém. Acad. tom. 2. pag. 236).

61. La galle en sorte coûtoit 72 liv. le cent avant la guerre ; elle alloit en 1763, jusqu'à 160 liv. mais cette galle en sorte est mêlée de noir & de blanc, & l'on ne doit employer que la blanche pour le Maroquin : la noire se vend aux Chapeliers pour leur teinture. Il faut environ 96 livres de galle blanche pour 96 peaux, qui sont la quantité que quatre hommes peuvent tourner à la fois dans le coudrement.

62. On jette d'abord dans l'eau fraîche cinquante livres, c'est-à-dire, plus de la moitié de cette galle pulvérisée & passée au tamis ; on la remue un peu, & l'on y jette les peaux pendant qu'un homme est occupé à tourner le coudrement. Au bout d'une heure, on remet encore vingt livres de galle, & une heure après le reste, tandis que quatre hommes tournent ces peaux avec des pelles

pelles (représentées en K) continuellement & pendant douze à quinze heures de suite sans interruption.

63. La cuve dans laquelle on tourne ces quatre-vingt-seize peaux doit être de sapin, jamais de chêne : elle a quatre pieds & demi de diametre sur trois pieds de hauteur. Ceux qui tournent le coudrement, ramenent de temps en temps les peaux du milieu aux bords de la cuve, pour que la galle se distribue & les pénétre toutes. Lorsque l'on va dîner, on se fait relever par d'autres Ouvriers, pour qu'il n'y ait point de discontinuation.

64. On laisse les peaux passer la nuit dans le coudrement, ce qui acheve de les tanner : on met en travers sur la cuve une planche pour les relever & les laisser égoutter un moment. Pour les déplisser, on les releve sur une planche ; on remue de nouveau le coudrement, & l'on y rabat les peaux aussi-tôt ; cela se fait deux fois dans l'espace de quinze heures. On a soin, en laissant reposer les peaux dans le coudrement, d'étaler les dernieres, la chair en haut, pour garantir les autres, & on les laisse passer la nuit dans ce coudrement, quelquefois même vingt-quatre heures, si le temps l'exige ; mais cela est rare. Il est bien dangéreux qu'il y ait du fer dans ce coudrement ; en général dans toute l'opération des peaux, & sur-tout des Maroquins, on doit l'éviter avec soin.

65. Le coudrement de noix de galle s'emploie à Nicosie avant la couleur, pour les peaux que l'on veut mettre en jaune seulement ; car les Maroquins rouges n'ont besoin, avant la teinture, que du sumac (20), du confit (30) & du sel (31). Pour quarante peaux destinées à mettre en jaune, on fait infuser à froid, pendant six à sept heures, dix-huit à vingt livres de noix de galle dans huit à neuf pintes d'eau bien claire ; on y fait tremper ces quarante peaux pendant vingt-quatre heures, en observant qu'il n'y ait que la liqueur suffisante pour humecter les peaux sans les surnager : au bout des vingt-quatre heures, on les retire de la noix de galle pour les bien laver dans de l'eau fraîche ; on les fait sécher tant à l'ombre qu'au soleil ; après quoi on les lave encore une seconde fois pour les faire sécher de nouveau : c'est la préparation des Maroquins qu'on veut mettre en jaune.

Suite du travail des Maroquins rouges, au Levant.

LES MAROQUINS rouges, à Nicosie, après avoir été teints (41), se mettent dans une décoction de noix de galle (43) ; ainsi la noix de galle sert à Nicosie & à Paris, pour toute sorte de Maroquins, & même à Diarbékir, comme nous allons l'expliquer.

66. A Diarbékir, le Maroquin rouge ne se prépare qu'avec les matieres fécales & le son (19, 30) ; on y emploie ensuite le moût de raisin ou le miel, le sel, la gomme lacque ou la cochenille, l'alun, & ensuite la noix de galle, qui for-

me la derniere opération. On prend cinquante peaux de celles qui n'ont été préparées qu'avec les matieres fécales & le son, & non avec la décoction de galle; on prend un battement ou dix-huit livres trois quarts de *Pecquemesc* qui est du moût de raisin, ou à défaut de moût, autant de miel liquide, qu'on fait chauffer de maniere à pouvoir y tenir la main; on y trempe les peaux l'une après l'autre; on les entasse; on les couvre d'une serpilliere, & on les laisse ainsi pendant trois jours; après quoi on les lave deux ou trois fois dans de l'eau où l'on a dissout trois ocques de sel commun (c'est neuf livres six onces); puis on les fait sécher à demi.

67. Pendant que les peaux séchent, on prend un battement d'*Eucque*, c'est-à-dire, de gomme lacque dans dix battemens d'eau, & à son défaut, une ocque & cinquante dragmes de cochenille en poudre (45) dans huit battemens d'eau; on la délaye, & on la fait bouillir pendant trois heures, avec environ quarante dragmes d'alun aussi en poudre: quand elle est un peu refroidie de maniere à pouvoir y tenir la main, on en frotte les cinquante peaux les unes après les autres, ce qu'on réitere jusqu'à quatre fois, ayant toujours soin de les entasser & de les étendre à chaque fois les unes sur les autres. On les trempe ensuite l'une après l'autre dans de l'eau fraîche où l'on a dissout cinquante dragmes d'alun; on les fait sécher à moitié; après quoi, on les trempe & on les foule dans la décoction de noix de galle préparée comme nous le dirons à l'occasion du Maroquin noir ou jaune (84); ensuite on les lave dans de l'eau fraîche; on les fait sécher à l'ombre ou à un soleil tempéré: quand elles sont séches, on les lisse & on les lustre avec de l'huile de lin, comme les Maroquins noirs, (86). Cette teinture du Maroquin rouge & celle du Maroquin jaune (85) doivent se faire dans un endroit chaud.

Suite du Maroquin rouge, à Paris.

68. Revenons aux Maroquins de Paris qui ont été teints en rouge & mis en coudrement (64). Au sortir du coudrement de la noix de galle, les Maroquins doivent être lavés dans une eau claire qui emporte le superflu de la galle, comme on a fait au sortir de la teinture. Quand ils sont lavés, deux hommes les tordent à la main, en prenant deux peaux à la fois, comme ci-devant; on les secoue & on les étend de leur long sur une table pour recevoir l'huile les unes après les autres, la chair sur la table & la fleur en haut.

69. On a de l'huile dans une sebile de bois, avec une éponge grosse comme un œuf, ou un gipon de laine; on le trempe dans l'huile, & on le passe sur la fleur pour l'adoucir, & empêcher que l'air ne la surprenne & ne la durcisse; on pend ces peaux à des crochets par les pattes, la tête en bas, fleur contre fleur, à une petite distance les unes des autres, & on les dispose de maniere que le courant d'air les enfile de côté dans les intervalles; car s'il frappoit la

surface de la fleur, il mangeroit la couleur. Il ne faut pas deux livres d'huile pour les huit douzaines de peaux : il faut une demi-journée à deux hommes pour les secouer, les mettre en huile & les accrocher.

A Nicosie, on emploie l'huile de sésame ou de jugeoline, qui est l'huile la plus usitée au Levant.

70. Les Maroquins sont au séchoir un ou deux jours, suivant les temps ; quelquefois on peut les décrocher le même jour : en hiver il faut quelquefois une semaine : au reste on les retire le plus promptement qu'il est possible.

71. Les Maroquins étant tout-à-fait secs, ont besoin d'être corroyés & lissés; d'abord on les plie deux à deux en petits bouchons, fleur contre fleur ; on les foule aux pieds sur un plancher net, deux à la fois, avec des escarpins de Corroyeurs, mais qui sont réservés pour le Maroquin. Un homme peut en fouler quatre à cinq douzaines dans sa journée. On corrompt ensuite les Maroquins avec la pomelle de bois (voyez l'Art du Corroyeur), pour en briser le grain. Un homme peut en corrompre quatre douzaines dans sa journée.

72. Il faut parer à la lunette les Maroquins du côté de chair, en les frottant avec du blanc, pour que la lunette n'entre pas tant dans la substance de la peau.

73. Le Maroquin noir se lisse avec une espece de pomme ou d'oignon de verre représenté en *Y* ; il doit être étendu sur une table un peu inclinée : on peut en lisser trois ou quatre douzaines dans la journée.

Le Maroquin rouge se lisse, comme on le voit en *D*, avec un rouleau de bois *X* que l'on tient à deux mains : la peau est étendue sur un chevalet de bois de chêne sur lequel il y a une languette de poirier qui a quelques lignes de saillie. On suspend, au côté de la peau, un poids avec un hameçon fort délié, qui la tire en bas, tandis que le Lisseur la retient & la gouverne avec sa cuisse en la laissant couler autant qu'il convient, à mesure qu'il avance dans son lissage ; on voit en *D* l'action du Lisseur, & en *V* le Maroquin placé sur le chevalet à lisser.

74. On lisse deux fois chaque peau, c'est-à-dire, qu'après avoir parcouru la surface entiere de la peau avec la lisse, on retourne pour que les intervalles & les raies qui auroient pu s'y faire, soient effacées par le retour de la lisse ; d'ailleurs cela rend la fleur plus brillante : un Ouvrier peut lisser deux douzaines de Maroquins rouges dans un jour ; on lui donne vingt-quatre sols par douzaine : cette opération est cependant délicate ; elle exige de l'habitude & de l'adresse pour lisser bien également & uniformément. On passe un peu d'eau sur la fleur avec une éponge, afin que la lisse glisse plus aisément ; mais cela n'est pas nécessaire à la seconde fois.

75. L'opération de la lisse abat le grain du Maroquin ; cependant comme

le grain eſt une beauté du Maroquin ; on le fait revenir au moyen d'une pomelle de liége (c'eſt une plaque de bois garnie de ſillons, voyez l'Art du Corroyeur), avec laquelle on le tire doucement, ſans en ôter le luſtre, & c'eſt la derniere façon du Maroquin rouge, à Paris.

Suite du Maroquin jaune, à Paris.

76. Les Maroquins que l'on veut mettre en jaune, exigent moins de précautions que les rouges. On ne teint en jaune qu'après le coudrement (64), & il en eſt de même de toutes les autres couleurs ; on laiſſe même repoſer & ſécher les peaux qui ont été coudrées, qu'on appelle *Peaux en croute* ; & quand on veut les teindre, on les remouille ; on les foule à l'eau ; on les tord ; on les laiſſe ſécher à moitié ; on les alune (35) ; & enſuite on les teint.

77. La graine d'Avignon eſt le ſeul ingrédient qu'on emploie pour le Maroquin jaune : c'eſt la graine de l'arbre appellé *Rhamnus catharticus minor* (*Caſpari Bauhini in Pinace*, pag. 478) ; & dans *Linnæus*, *Rhamnus ſpicis terminalibus, floribus quadrifidis dioicis*. Spec. pag. 193. (*Hortus Cliffortianus* 70. *Flora Suecica* 193) : on l'appelle auſſi *Grainette*, *Graine jaune* : cette eſpece de nerprun, ou cet arbriſſeau épineux qui donne la graine d'Avignon, ſe trouve en Provence, en Dauphiné & en Languedoc, d'où ſe tire la graine qu'emploient nos Teinturiers : on y fabrique auſſi le Stil-de-grain & le Vert-de-veſſie dont ſe ſervent nos Peintres, & qui eſt extrait de la graine d'Avignon.

78. Une livre & demie de graine d'Avignon dans un ſeau d'eau teindra quatre douzaines de peaux ; cette couleur teint aiſément ; & quoique faite après le coudrement, elle eſt auſſi ſolide que le rouge qui ſe donne *en tripe*, c'eſt-à-dire, avant le coudrement (59).

A Nicoſie, les Ouvriers emploient auſſi la graine d'Avignon, qu'ils appellent *Halagex* : on la tire de Caramanie, d'où elle ſe tranſporte tant en Egypte que dans les Iſles de l'Archipel, où le *Rhamnus catharticus* ne ſe trouve pas, & où l'on teint cependant les Maroquins en jaune, avec la même graine.

Plus on veut avoir un jaune foncé, plus il faut le forcer en graine : on peut ainſi le pouſſer juſqu'à l'Oranger. Voyez ſur les teintures jaunes M. Hellot dans les Mém. de l'Académie pour 1741, pag. 70.

79. On fait à Marſeille du Maroquin bleu & du Maroquin vert : je n'entrerai point dans ces détails de teinture ; il n'eſt pas difficile de donner le bleu avec le tourneſol & l'indigo ; & le vert, avec le vert-de-gris mêlé d'un peu de tartre, ou avec un mélange de jaune & de bleu.

Maroquin

Maroquin jaune du Levant.

80. A Nicosie, pour faire la teinture jaune, ils prennent environ cinq livres* d'Halagex ou graine d'Avignon avec une livre & demie d'alun de roche qu'ils pilent ensemble pour les réduire en poudre très-fine qu'ils font infuser dans six pintes d'eau déja tiéde & placée sur un très-petit feu, pendant une heure ou deux, observant que la liqueur ne bouille pas.

On met les quarante peaux, que l'on veut teindre en jaune, dans une espece d'étuve; on les étend par terre les unes sur les autres; alors deux hommes prenant chacun les extrémités d'une peau, l'un d'eux trempe la main dans la liqueur jaune, sans autre instrument, la passe & repasse sur la fleur de la peau: lorsqu'elle est bien teinte, ils la plient en deux suivant sa longueur; ensuite ils teignent successivement les autres, & les mettent en pile. Quand elles sont toutes passées, on les retourne cinq à six fois en les changeant de place, & les remettant toujours les unes sur les autres, afin que la teinture les pénétre mieux.

On teint encore les peaux en jaune une seconde fois, de la même façon que je l'ai dit pour la premiere fois: on les tourne & retourne environ quarante fois; après quoi on les trempe sept à huit fois dans l'eau fraîche, bien nette; ensuite on les fait sécher à l'ombre; on les pare du côté de chair, pour enlever ce qu'il y a de sale, & on lustre la fleur avec un bâton.

Maroquin noir, à Nicosie.

81. A Nicosie, pour le Maroquin noir, on prend les peaux lorsqu'elles ont passé le sumac (21); car elles n'ont pas besoin du son ni des figues, comme les Maroquins rouges (30), ni de la noix de galle, comme les Maroquins jaunes (65): on prend six livres d'une terre vitriolique, astringente, qu'on trouve dans l'Isle de Chypre, & que les gens du Pays appellent *Maurite* ou *Maurizi*, & une poignée de noix de galle pilée, que l'on fait infuser ensemble, à froid, pendant deux ou trois heures dans quarante-cinq ou quarante-huit pintes d'eau: cette liqueur est noire; on en frotte chaque peau une fois seulement: & si-tôt qu'on en a teint une, il faut sur le champ la bien laver dans l'eau fraîche; car la teinture brûleroit les peaux sans cette précaution; ensuite on les étend pour les faire sécher à l'ombre; on rend cette teinture plus ou moins noire, en y mettant plus ou moins de maurite; on met aussi un peu d'huile sur la surface des Maroquins noirs, lorsqu'ils sont presque secs (69).

82. En France, c'est aussi au sortir du sumac, ou plûtôt de la galle (69),

* J'ai réduit les ocques du Levant, en poids de Paris, à raison de trois livres deux onces pour une ocque.

qu'on met le Maroquin en noir, après l'avoir crépi à la pomelle, & esparé (voyez l'Art du Corroyeur): on fait le noir avec de la bierre sûre, dans laquelle on a jetté de la vieille ferraille, comme nous l'avons dit dans l'Art du Corroyeur. On se sert d'un paquet de crin tortillé, ou d'une brosse rude qu'on trempe dans la teinture, & dont on frotte deux fois le côté de la fleur, quelquefois trois à quatre, en laissant sécher les peaux à chaque noir: on les laisse ensuite sécher à moitié, en les pendant par les jambes de derriere.

Les peaux à demi séches & étendues sur la table, on les tire à la pomelle, pour en faire sortir le grain; on y jette un peu d'eau: après le dernier noir, on les défonce à la bierre, & on les frotte avec le jonc, comme pour esparer. Lorsqu'elles sont esparées, elles reviennent encore sur la table où on les tire à la pomelle des quatre quartiers & de travers pour relever le grain; on y jette encore de l'eau, & on les lisse de nouveau; enfin on les tire à la pomelle de bois, pour la troisieme fois.

83. On leur donne ensuite sur la fleur avec un petit morceau d'étoffe, une couche de lustre qui est fait avec du jus d'épine-vinette, d'ail, de citron, d'orange, ou de bierre sûre; on les frotte fortement avec quelque bonnet ou gipon de laine; on les déborde sur le chevalet; on les pare à la lunette, & on les tire *au liege*, pour leur donner le grain: c'est la derniere façon. Ce travail est à peu-près le même que celui de la chevre grasse que nous décrirons dans l'Art du Corroyeur. On pourroit employer de l'eau de coudrement avec la couperose pour donner le noir; mais la couperose séche & brûle la peau, & l'on préfére la bierre qui nourrit, pour-ainsi-dire, la peau, & lui donne de la douceur, loin de la dessécher & de la brûler. Le noir de bierre est meilleur quand il est vieux; l'on ne peut guères l'employer avant trois ou quatre mois, au lieu que le noir de couperose peut se faire d'un moment à l'autre.

Suite des Maroquins noirs ou jaunes, à Diarbékir.

84. A Diarbekir, les peaux qu'on veut mettre en noir ou en jaune passent dans la noix de galle; mais pour les rouges, on emploie le moût de raisin ou le miel: pour cinquante peaux destinées à faire du Maroquin jaune ou noir, on prend deux battemens, ou douze ocques de noix de galle en poudre, qu'on délaye à froid, en maniere de bouillie liquide, dans trois ocques d'eau (une ocque pese quatre cens dragmes ou trois livres deux onces de France)*; aussitôt que la galle y est cuite & précipitée, on y trempe les peaux en les foulant avec les pieds, les unes après les autres, ce qu'on répete trois fois pendant

* Suivant M. Monthenault, Consul à Alep, le battement est une mesure du Pays, de douze ocques, & l'ocque pese deux livres & demie: mais nous nous servirons de l'évaluation de M. Granger.

deux heures ; puis on les laiſſe tremper dans la décoction de galle juſqu'au lendemain ; quand la bouillie de galle eſt trop épaiſſe, on y ajoûte de l'eau.

Le lendemain on retire les peaux ; on les travaille ſur chair ; on les lave ; on les foule quatre fois les unes après les autres ; & quand elles ſont bien nettoyées, on les remet dans une nouvelle décoction ou bouillie de noix de galle, comme la premiere fois ; on les lave bien dans l'eau fraîche, puis on les fait ſécher.

85. Lorſque les peaux ſont ſéches, & qu'on veut les teindre en jaune, on prend pour cinquante peaux, deux ocques de graine de *jara*, ou graine d'Avignon ; c'eſt la graine d'une eſpece de Lycium de Caramanie, *Rhamnus catharticus* (77) ; on y ajoûte cinquante dragmes d'alun en poudre, qu'on délaye en maniere de bouillie claire, dans une ſuffiſante quantité d'eau chaude ; & lorſque cette teinture eſt faite, on en frotte les peaux les unes après les autres ; elles doivent être humides pour bien prendre la teinture ; & cette opération doit être faite dans un lieu chaud.

Quand une peau eſt teinte, on la plie en deux ; enſuite on les entaſſe toutes les unes ſur les autres, & on les laiſſe empilées juſqu'au lendemain ; on les lave enſuite légérement dans de l'eau fraîche où l'on a diſſout environ quarante dragmes d'alun, pour affermir un peu la teinture & la peau ; puis on les fait ſécher, & on les liſſe ſans employer aucune huile pour les luſtrer.

86. A Diarbékir, pour le Maroquin noir, on emploie d'abord auſſi bien que pour le jaune, la noix de galle en poudre (84), juſqu'à deux fois ; on les lave, & on les fait ſécher ; on prend enſuite deux livres d'une terre vitriolique ferrugineuſe qu'ils nomment *Caraboya*, & qu'ils diſſolvent dans une ſuffiſante quantité d'eau ; lorſque l'eau en eſt bien chargée, ils en frottent les peaux, juſqu'à ce qu'elles paroiſſent d'un beau noir ; on les lave bien dans de l'eau fraîche ; on les fait ſécher à l'ombre ; on les liſſe ; enfin on les luſtre avec de l'huile de *Bezerianne* qui eſt l'huile de lin.

Du Commerce des Maroquins.

87. Le Maroquin rouge ſe vend ſoixante à quatre-vingt livres la douzaine ; ſon poids eſt de onze à quatorze livres la douzaine, quand il eſt entiérement fini. Le Maroquin jaune, bleu, ou verd, ſe vend entre quarante-huit & ſoixante livres la douzaine, & le Maroquin noir, de cinquante à cinquante-cinq, ou ſoixante livres. M. des Billetes dit qu'il avoit vu préparer à Paris, des Maroquins en 1665. M. Garon avoit établi, il y a plus de trente ans, au Fauxbourg Saint Antoine une Manufacture de Maroquins rouges & noirs ; on en fait actuellement à la Manufacture de S. Hippolyte. Cependant Paris

tire de Marseille & d'Avignon beaucoup de Maroquins rouges, bleus & verds; on tire aussi de Rouen des Maroquins noirs.

88. Les Tapissiers, Cordonniers, Ceinturiers, Selliers, Gaîniers, Bahutiers, c'est-à-dire, Coffretiers, Malletiers, font usage du Maroquin, comme tout le monde le sçait; & de tous les cuirs qu'ils emploient, c'est le plus estimé, le plus cher & le plus beau: les souliers de Maroquin noir ont l'avantage de se nettoyer très-facilement avec une éponge & du vinaigre, qui leur rend toute leur propreté.

89. Les Maroquins d'Espagne sont les plus estimés pour la bonté; cependant ceux de France sont souvent plus beaux: mais quant à la qualité & à la vivacité des couleurs, ceux du Levant, de Constantinople, de Chypre, d'Alep & de Smyrne sont les plus recherchés.

90. Les Relieurs ne prennent que les Maroquins les plus petits, les plus fins, les plus parés, & souvent ils les parent encore chez eux du côté de chair, pour les rendre plus minces; ils les payent de soixante à soixante-six livres la douzaine.

91. On fabrique à Limoges des basannes rouges, qui sont des peaux de mouton teintes en rouge avec moins de précaution que le Maroquin; on en fait aussi à Paris quelque consommation.

92. Le Maroquin blanc se fait à peu-près comme les peaux de Mégie, dont nous avons donné la description dans l'Art du Mégissier. On emploie cependant pour le fabriquer & lui faire conserver son blanc, quelques drogues dont le Mégissier ne fait pas usage, & dont nous n'avons pas eu connoissance. Pour le travail de riviere, il faut observer dans le Maroquin blanc, tout ce qui a été dit du Maroquin rouge (33), parce que la chevre est une peau très-ingrate & difficile à travailler. Après toutes ces façons, c'est-à-dire, après le recoulage, on lui donne le confit de son; il y reste quatre à cinq jours en été, & huit jours en hiver. Quand le confit a levé plusieurs fois, & qu'il se rabat de lui-même, ou qu'il ne releve plus, on donne la blancheur au Maroquin, au moyen d'une pâte faite avec des œufs & du lait, comme dans la Mégie; on prétend encore que pour empêcher qu'il ne se tache & se salisse trop aisément, il faut, pour le Maroquin blanc, ajoûter à cette pâte un autre ingrédient secret qui raffermisse la fleur: il paroît que cela se réduit à quelque astringent. On donne ensuite au Maroquin blanc le grain qui en fait la marque distinctive, par le moyen de la pomelle du Corroyeur; il faut même une pomelle rude; on le lustre en le frottant simplement avec un linge blanc & sec.

93. Les Maroquins blancs sont moins usités en France que dans l'Italie qui en tire de Smyrne des quantités considérables. On en fait des souliers de femmes; & il a, sur les peaux de mouton passées en Mégie, que nous avons décrites

décrites dans l'Art du Mégiſſier, l'avantage de ſe nettoyer aiſément lorſqu'il a été ſali ; il ſuffit de le laver, & quand il eſt ſec, de le frotter avec un linge, il reprend toute ſa qualité & ſon éclat.

94. Les *Cordouans* ſont des cuirs fort reſſemblans aux Maroquins, mais apprêtés avec le Tan, en quoi ils différent de ceux que nous avons décrits, & qui ne ſont tannés qu'avec le ſumac & la noix de galle : probablement cette dénomination eſt venue de la ville de Cordoue dans l'Andalouſie, comme la Ruſſie, la Hongrie & le Royaume de Maroc ont donné leurs noms à d'autres ſortes de cuirs. Ménage croit que c'eſt des Cordouans qu'eſt venu le nom de *Cordonnier*.

EXPLICATION

DE LA PLANCHE DU MAROQUINIER.

Haut de la Planche.

Les premieres opérations reſſemblent à celles du Tanneur, du Corroyeur, du Mégiſſier ; nous ne plaçons ici que celles qui ſont particulieres au Maroquinier.

A, Action de celui qui trempe les peaux dans la Baignoire pour les teindre (47). On y voit trois Baignoires : il faut ſuppoſer un Ouvrier à chacune.

B, Action de celui qui met les peaux ſur le Chevalet, à meſure qu'elles ſortent de l'alun.

C, Action de celui qui les lave pour ôter le ſuperflu de la couleur.

D, Action de celui qui liſſe le Maroquin rouge (73).

E, Chaudiere de cuivre dans laquelle on fait bouillir la teinture (45).

F & *G*, Chaudieres plus petites où l'on tranſvaſe la teinture (46).

On voit entre deux un Chaudron placé ſur un fourneau où l'on tient de l'eau chaude.

H, Baignoire dans laquelle on teint les peaux.

Bas de la Planche.

I, Râteau pour la teinture (46).

K, Pelles pour remuer le coudrement (62).

L, Trépied sur lequel on place une Marmite qui se voit entre les deux Chaudieres.

M, Baquet à main pour transvaser la teinture.

N, Baquet rond dans lequel on alune (35).

O, Tamis de toile pour couvrir la Chaudiere.

P, Bille avec laquelle on tord les peaux pour les égoutter.

Q, Autre Tamis pour clarifier la couleur.

R, Cerceau de fer qui est fixé dans la muraille entre les deux Chaudieres, pour porter le Tamis.

S, Chopine pour verser le rouge dans les Baignoires.

T, Baignoire.

V, Maroquin tendu sur le Chevalet à lisser.

X, Rouleau de bois pour lisser le Maroquin rouge (73).

Y, Oignon de verre pour lisser le Maroquin noir (73).

FIN.

Maroquinier.

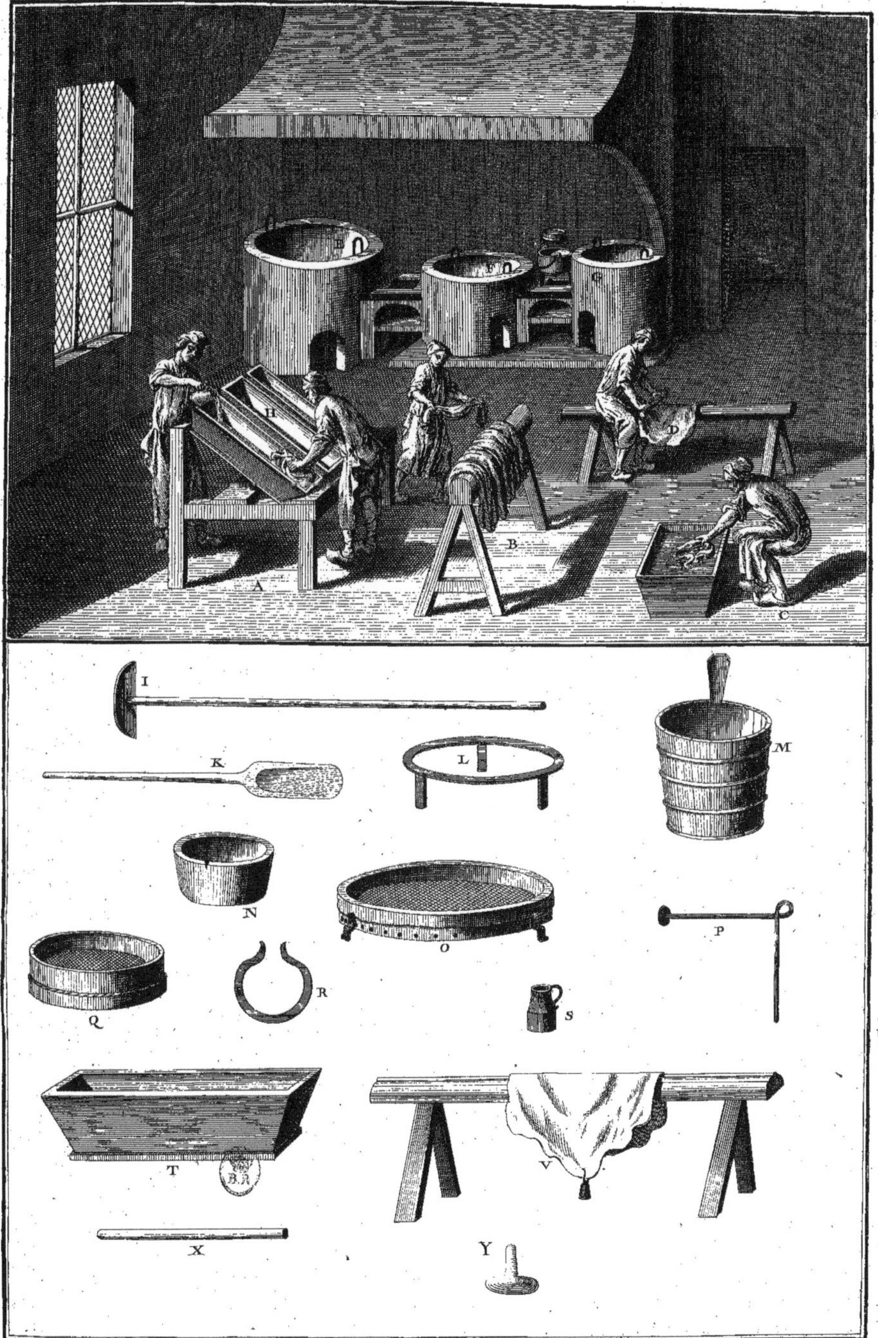

www.ingramcontent.com/pod-product-compliance
Ingram Content Group UK Ltd.
Pitfield, Milton Keynes, MK11 3LW, UK
UKHW021031200726
13857UKWH00004B/1696

9 782013 055420